RAPPORTS

OFFICIELS ET COMPLETS

FAIT [HENNEQUIN]

AU GOUVERNEMENT,

PAR LE PRÉFET DE POLICE DE PARIS;

sur la conspiration tramée depuis six mois, contre le premier Consul BONAPARTE, et l'explosion de la machine infernale.

DÉTAILS des tentatives faites par les enragés, pour assassiner Bonaparte, aux Tuileries, à Malmaison, à l'Opéra, à la place des Victoires, etc., etc., etc. — Découverte des lieux de rassemblement des conjurés et de leurs horribles projets. — Noms et demeures d'un grand nombre d'entre eux. — Motifs de leurs arrestations. — Interrogatoires de quelques-uns d'eux.

LISTE exacte des victimes de l'affreuse explosion de la rue Saint-Nicaise. — Dommages causés par la machine infernale.

Du 2 fructidor, an 8.

LES enragés continuent leurs réunions, mais avec plus de précautions que jamais.

L'arrestation par ordre du préfet de police, des nom-

A

més Lémery, médecin en chef de l'hospice du faubourg Saint-Jacques, de Château, et de Delaunay, imprimeur, rue des Prés-St.-Victor, tous trois regardés comme des hommes importans pour le parti, les met au désespoir.

Ils n'en conservent pas moins l'espérance d'arriver à leur but, et ils la nourrissent dans l'esprit de tous leurs subalternes.

Quelques-uns des chefs cependant se cachent depuis quelques jours, et sont introuvables; Metge et Bescher particulièrement sont délogés dans la nuit du 28 du mois dernier, et ne se montrent plus.

Ils ne trouvent plus de partisans dans la classe autrefois égarée. Tous les citoyens bénissent le gouvernement, qui a ranimé le commerce et l'industrie; aucun artisan ne manque de travail.   *Signé*, DUBOIS.

Pour copie,

Le secrétaire-d'état, signé, *H. B. Maret.*

Du 3 *fructidor*, an 8.

Il est constant que les enragés méditent un attentat, qu'ils sont vivement poussés, sans qu'ils s'en doutent peut-être, par une autre faction que l'étranger soudoye.

On sait que Duperrou, l'un des chefs de la contre-police royale, était le plus enragé des enragés, et l'un des principaux meneurs du parti. Il a un successeur à coup sûr, et de la recherche duquel on s'occupe avec soin.

La masse des citoyens est étrangère à ces complots. Paris est tranquille.

Signé (comme ci-dessus).

Du 4 *fructidor*, an 8.

Les enragés se remuent toujours. L'un d'eux disait hier que tout allait bien; que c'était l'argent qui les tenait, mais qu'ils venaient d'apprendre qu'on pouvait compter sur une assez bonne somme, et qu'il était bientôt tems de mettre les *fers au feu*; qu'ils savaient bien tous que le gouvernement se tenait sur ses gardes, mais que cela leur importait peu, qu'ils n'en étaient pas moins sûrs du succès, et que toutes les mesures étaient bien combinées.

Les anciens meneurs du faubourg Antoine répandaient aujourd'hui le bruit que Marseille était au pouvoir des anglais, qui n'en sortiraient qu'après y avoir établi un foyer de guerre civile, et fourni des moyens nécessaires à son accroissement.

Ces discours ne produisaient aucun effet. Le mépris des anglais est aussi populaire que la confiance dans l'énergie du premier consul.

Signé, (comme ci-dessus.)

Du 6 fructidor, an 8.

La société des enragés est un peu rallentie. Mais le feu couve toujours sous la cendre. On se réunit, on ne dit presque rien aux subalternes, et l'on observe le plus profond silence sur les projets que l'on médite.

Ils ont fait une liste de ceux de leurs hommes sur lesquels ils comptent le plus en cas d'événement. On en a été informé par l'un d'eux, qui, à son insu, a été porté sur cette liste, et auquel on en a fait part ensuite. On signale aujourd'hui comme principal instigateur, le nommé Moyse-Bayle, ex-conventionnel; les premiers agens sont, Menessier, Claude Fiquet et Guilhem, ils ont vingt-quatre affidés sous leurs ordres.

Paris est tranquille.   *Signé* (comme ci-dessus.)

Du 7 fructidor an 8.

Les enragés se sont réunis hier dans divers endroits. Ils couvent toujours les mêmes projets, et ne varient point dans leurs systême. Ils n'osent plus depuis l'arrestation de quelques-uns d'entre eux, se mêler dans les groupes, soit aux Tuileries, soit dans les autres endroits publics.

Signé, (idem.)

Du 8 fructidor an 8.

Il doit y avoir aujourd'hui une réunion de quelques

A 2

enragés marquans, et dans laquelle on doit s'occuper de différens projets.

Le préfet de police y a fait introduire un de ses agens qui saura et entendra tout.

Cet agent a su se lier avec le nommé Chateauneuf, l'un des plus enragés. Celui-ci ne lui cache rien de tout ce que les frères et amis méditent.

Chateauneuf eût déjà été arrêté, si l'on n'avait craint de ne pas retrouver un moyen aussi sûr d'être toujours au courant.

La tranquillité la plus parfaite règne dans les faubourgs et dans la ville. *Signé*, (idem.)

Du 11 fructidor an 8.

Le préfet de police a fait arrêter hier deux des plus marquans parmis les enragés; Massard et Barbier.

Tous deux se sont toujours montrés ouvertement dans les mouvemens qui semblaient annoncer des troubles.

Tous deux ont constament cherché à inquiéter les esprits, à les aigrir contre le gouvernement qu'ils ont toujours calomnié à outrance, parce que l'ordre et la tranquillité ne conviennent ni à leur caractère ni à leurs principes.

Massard est aussi bavard que hardi; il court ordinairement les cabarets des faubourgs; il connait tous les enragés, comme il en est bien connu.

On a trouvé chez lui une quantité de papiers telle, qu'on en a empli trois valises énormes; on y a trouvé encore trois paires de pistolets, un fusil à deux coups garni d'une bayonnette, de la poudre, un paquet de cartouches et un sabre; toutes les armes sont chargées.

Barbier est un de ceux qu'on remarque sans cesse dans les grouppes du jardin des Tuileries. C'est lui qui est chargé de débiter et de répandre, soit aux Tuileries, soit dans les faubourgs, les fausses nouvelles que la clique croit utiles à l'accomplissement de ses projets.

On est à la recherche de deux autres non moins importans, mais qui changeot chaque jour de demeure et ne se montrent presque pas depuis quelques jours.

.. Barbier et Massard vont subir intérrogatoire; et leurs papiers seront examinés avec le plus grand soin.

Le parti devrait être déconcerté par la manière dont ses intrigues sont repoussées dans les faubourgs. La classe des ouvriers particuliérement se distingue par son attachement au premier consul.

Signé, (idem.)

Du 23 *fructidor an* 8.

Les frères et amis qui se rendaient chez l'un d'eux, nommé André, près Saint-Sulpice, ne reparaissent plus depuis quelques jours.

On sait que la plupart d'entre eux ne sortent plus sans être armés.

On surveille de près un nommé Brancas, demeurant au Gros-Caillou.

Cet individu disait ce matin qu'il était bien sûr que sous peu de momens il y auroit un coup terrible, et qu'il avait envoyé sa femme à la campagne pour la soustraire aux dangers. *Signé*, (idem.)

Du 24 *fructidor an* 8.

Le préfet de police a été informé que le nommé Baubin, ci-devant greffier du tribunal révolutionnaire, demeurant chez Baron, professeur de langue française, au séminaire de Saint-Sulpice, tient les propos les plus inquiétans, ne fréquente que des enragés, et que Baron et lui le sont de la bonne trempe ; que dans le quartier on les soupçonne vivement de méditer de sinistres projets.

Baubin est sans état, sans moyens d'existence et extrêmement dangereux par ses principes révolutionnaires. Paris est tranquille. *Signé*, (idem.)

PRÉFECTURE DE POLICE.

Paris, le 4e. jour complémentaire an 9.

Un complot affreux a été tramé contre la personne du premier consul : des circonstances indépendantes de la volonté des conjurés en ont arrêté l'exécution. Tel est le résultat de la procédure instruite contre Chapelle, Humbert, Pertault Dufour, Jallabert, Guibert et Saunier, arrêtés par ordre du préfet de police. Les interrogatoires subis par chacun d'eux, les contradictions dans lesquelles ils sont tombés, en établissent la parfaite conviction ; c'est ce rapprochement, rédigé avec l'impartialité la plus vraie, que nous soumettons au gouvernement.

Le 26 fructidor, Chapelle se présente chez le citoyen Lavoisier, menuisier, rue Mably, l'emmène à un cabaret voisin ; il lui dit qu'il a quelque chose à lui communiquer ; qu'il a un projet à exécuter, il le prie de se rendre à un cabaret situé rue de la Loi, au coin de celle de Louvois, et il ajoute à Lavoisier, qu'il s'agit de faire sauter le petit caporal : c'est ainsi qu'il désigne le premier consul. Lavoisier interroge Chapelle sur les moyens d'exécution.

Chapelle persuadé qu'il a trouvé dans Lavoisier un nouveau Séide, entre dans les plus grands détails vis-à-vis de lui : il lui confie qu'un bon nombre de conjurés sont divisés en brigades ; que chacune d'elles à ses chefs particuliers ; que ces individus se réunissent en divers cabarets, toujours au nombre de deux ou trois, jamais au-dessus : que les deux premiers venus demandent trois verres, en renversent un sur la table ; que tel est le signal convenu, le point de ralliement.

Chapelle ajoute que le moyen consiste à former un tumulte à la porte d'un spectacle auquel se trouverait le premier consul, et à l'aide de ce mouvement de le poignarder.

Que toutes les mesures sont prises ; que dans le cas où la cavalerie formant l'escorte opposerait résistance, elle sera sur-le-champ hachée, hommes et chevaux ; qu'à cet effet les brigades se répandraient dans les cabarets au pourtour des théâtres de la République, des Italiens et de l'Opéra.

Que le jour convenu ou reconnu propre pour l'exécution, lui Chapelle entrera dans le cabaret où sera réunie sa brigade, ayant un verre de vin à la main ; qu'il le boira et sortira aussitôt ; qu'à ce signal, sa brigade le suivra, se rendra au théâtre, en formant tumulte et en s'écriant : qu'y a-t-il là ? Qu'en ce moment, ceux qui doivent frapper le consul exécuteront le coup, et que de suite les conjurés se rendront sur la place des Victoires, pour ensuite se porter à l'hôtel Toulouse, s'emparer des papiers, et en autres endroits qu'il ne désigne pas, que dans le cas où ce premier moyen ne réussiroit pas, trente hommes, bien déterminés et armés d'espingoles, doivent attendre le consul sur la route de Malmaison, et faire feu sur sa veiture, à la première occasion favorable. Il nomme comme chefs ou agens de ce complot, Guibert, Dufour, Feon et Rossignol. Et après ce criminel épanchement, Chapelle quitte Lavoisier.

Ce dernier est indigné de ce que vient de lui révéler Chapelle : il éprouve l'horreur la plus forte, et il désire que le consul soit instruit du danger qu'il court ; il n'ose en être le révélateur direct.

Il va trouver le nommé Leroi, cordonnier, rue Honoré, n. 44 ; il lui raconte ce qu'il a appris ; il lui témoigne son indignation, ses craintes, le désir qu'il a d'en instruire le premier consul, et il se retire.

Leroi, livré à ses réflexions, se décide à écrire au premier consul ; il le fait lui-même et va porter sa lettre. Le premier consul étant absent, on le conduit au général Caffarelli ; il lui remet sa lettre, lui donne tous les détails qu'il tient de Lavoisier. Le général l'écoute avec attention ; il l'engage à suivre cette affaire avec le plus grand soin, à épier toutes les démarches des conjurés, à revenir lui en rendre compte. Il veut témoigner sa gratitude à Leroi : celui-ci refuse, et répond que l'intérêt ne détermine pas sa démarche. Il quitte le général, en lui promettant de revenir le lendemain 27, et d'amener Lavoisier.

Le 27 au matin, Leroi retourne seul chez le général Caffarelli ; il confirme sa révélation de la veille.

Il va ensuite rejoindre Lavoisier, ils dînent ensemble, ils descendent chez le citoyen Jugié, et en sa présence Leroi déclare à Lavoisier :

« Qu'il est allé chez le général Caffarelli, qu'il lui
» a rendu compte de tout, qu'il va y retourner et

» l'invite à l'y accompagner. Lavoisier accepte , il se
» rend avec Leroi, et là, il répète ce que lui a dit
« Chapelle.

» Le général réitère son invitation de fréquenter les
» conjurés ; et le vingt-huit à six heures du matin ,
» Lavoisier se rend chez Chapelle ; il était déjà sorti :
« Lavoisier lui indique un rendez - vous pour trois
« heures dans sa demeure , et va dire à Leroi que,
» dans la soirée , il le joindra pour aller au cabaret,
» au coin des rues de la Loi et de Louvois ; Chapelle se
» rend chez Lavoisier aux heure et lieu indiqués , ils
» descendent en un cabaret voisin , d'où ils sortent
» peu après ».

Chapelle conduit Lavoisier jusqu'au boulevard, et là
en présence d'un tiers, il parle hautement de ses projets , et les invite tous deux à se rendre au cabaret, au
coin des rues de Louvois et de la Loi ; l'un refuse avec
indignation, et l'autre par un motif non moins louable
ble accepte ; Chapelle , pour stimuler d'autant Lavoisier, lui dit qu'il verra celui qui doit porter le coup à
Bonaparte. On se sépare à six heures, Lavoisier va
joindre Leroi, lui rend compte de ce qui s'est passé
et du propos que lui a tenu Chapelle ; tous deux se rendent au cabaret indiqué , ils y arrivent les premiers,
montent en une chambre , demandent une chopine de
vin et trois verres ; conformément au mot d'ordre , ils
en renversent un.

Peu après , arrive un particulier reconnu depuis pour
être le nommé Perrault ; il sort et rentre , prend le
verre renversé, Lavoisier lui offre de boire un coup ,
il accepte : peu après arrive Chapelle ; il fait venir une
bouteille de vin et trois verres ; en prend un qu'il ren-
verse en disant à Lavoisier : Vois-tu ? voilà comme
l'on fait. Il veut payer le vin bu jusques-là , tant par
Lavoisier , Leroi, que par Perrault et lui. Lavoisier
veut s'y opposer, mais Chapelle répond : cet argent
n'est pas à moi , il est destiné à payer la dépense de
la société , et laisse l'argent sur la table.

D'après cette explication qu'il est bon de remarquer,
Chapelle annonce qu'il a besoin de s'absenter l'espace

de trois quarts - d'heure , il part , et au bout de ce tems revient, et avec lui le nommé Humbert; on se remit à la table , en ayant soin cependant de paraître faire deux écots différens.

Chapelle demande à Humbert s'il a vu Dufour : oui , répond Humbert, il ne connait l'affaire que d'aujourd'hui. Il m'a dit : il faut pour cette expédition un homme ferme et non peureux , je t'ai choisi et l'ai dit aux autres. Après ce colloque particulier , Chapelle s'adressant à toute la société , leur demande si le nommé Saulnier est venu, on lui répond que non : c'est en ce moment ou peu après que tous furent arrêtés et menés à la préfecture.

Au premier coup d'œil , les déclarations de Leroi et et Lavoisier paraissent devoir n'être considérées comme n'en faisant qu'une, puisque l'un aurait parlé d'après ce qu'il aurait appris de l'autre; mais en considérant la méthode qui règne dans celle de Leroi , la simplicité et même le désordre qui se rencontrent dans celle de Lavoisier , en observant que les faits étant les mêmes , sont présentés avec des détails différens, on ne pourra que penser que chacune d'elles méritait particulièrement une entière croyance , sur-tout à l'égard de ce qui s'est passé dans la soirée du 28.

Chapelle interrogé sur tous ces objets se retranche quant aux uns dans une négative absolue ; quant aux autres , tels que la réunion avec Lavoisier , Leroi , Perrault et Humbert, il l'attribue au hasard, et à un concours fortuit des circonstances. Suivant lui , il aurait rencontré Perrault, Humbert et Saulnier rue Montmartre et sur le boulevard en allant acheter du tabac : leur aurait donné rendez-vous dans le cabaret au coin de la rue de la Loi et de Louvois , et il y aurait trouvé Lavoisier et Leroi qu'il ne savait pas devoir y être.

Enfin il n'aurait nullement parlé de Dufour et n'aurait pas renversé un verre sur la table ; mais Perrault dans son interrogatoire , déclare qu'il a rencontré Chapelle près le Palais-Egalité et non aux environs de la rue Montmartre ; qu'il lui a indiqué le cabaret aux coin des rues de Louvois et de la Loi ; il convient que

Chapelle a voulu payer la dépense, qu'il a renversé un verre sur la table en disant à Lavoisier : *vois-tu ? voilà comme l'on fait ; que Humbert a dit à Chapelle, qui le lui demandait : j'ai vu Dufour, il m'a dit : je t'ai choisi comme un homme non-peureux et propre à un coup-de-main. J'ai répondu, en riant, qu'oui.*

Humbert dans son interrogatoire, dit qu'il a rencontré Chapelle au moment où il entrait au Palais-Egalité, par la rue Honoré et non sur le boulevard ainsi que ce dernier le prétend ; qu'il lui a proposé d'aller boire au cabaret de la rue de Louvois, qu'il s'y est rendu ; quant au surplus il se renferme dans une dénégation totale, qu'ils n'ont aucunement parlé de Dufour.

Saulnier interrogé sur ce qui le concerne, répond avec une franchise qui prouve sa parfaite innocence.

Il déclare que Chapelle s'est présenté chez lui ; le vingt-huit dans la matinée, qu'il était absent qu'il y est revenu vers quatre heures et l'a trouvé, qu'il l'a emmené en un cabaret rue des Martyrs que là, Chapelle lui a proposé de se rendre le soir en un autre cabaret au coin des rues de Louvois et de la Loi, et de l'y attendre, qu'ils ne se sont pas rencontrés sur le boulevard ; que Chapelle lui ajouta qu'il y trouverait des connaissances, sans cependant les lui nommer ; qu'ayant annoncé à Chapelle qu'il n'avait pas d'argent, celui-ci lui en a donné.

Il dit encore que l'air mystérieux de Chapelle, son air empressé, son affectation de ne pas vouloir nommer les connaissances qui devaient se trouver au cabaret indiqué, trahirent sa suspicion ; qu'il s'y rendit avec précaution, et en sortit peu après sans avoir vu ou rencontré personne ; que, déposé dans une chambre où était détenu Chapelle, celui-ci l'a engagé à dire qu'il l'avait rencontré sur le boulevard, et surtout à ne point déclarer qu'il était allé deux fois dans le jour chez lui Saulnier.

La démarche de Chapelle chez Saunier explique pourquoi Lavoisier ne trouva pas le premier chez lui, le vingt-huit, vers six heures du matin.

Saulnier, est sans emploi et dans la misère, et il paraît que Chapelle avoit fondé sur sa position malheureuse l'espoir de l'affilier à son infâme projet.

Dufour, interrogé sur les mêmes faits, convient connaître Chapelle, avec lequel il dit être brouillé pour affaires d'intérêt ; mais il nie connaître Humbert. (Le fait contraire est prouvé par les déclarations de Lavoisier et Leroi, et l'interrogatoire de Perrault), et Humbert lui-même interrogé s'il connait Dufour, en convient, et en niant l'avoir vu dans la journée du 28, il avoue l'avoir rencontré le 26, en un cabaret, rue des Boucheries - Honoré, et il faut se rappeller que Chapelle a désigné à Lavoisier, Dufour comme un des agens du complot.

Guibert a été également, et sous les mêmes rapports désigné par Chapelle ; cependant il ne paraît pas qu'il se soit trouvé dans aucun des cabarets fréquentés par ces réunions de conjurés.

Il faut cependant observer que Guibert étant instruit de l'arrestation de Lavoisier dans la soirée du 28, alla dans la matinée du 29 chez Jugié, et s'informer si Lavoisier était libre, et qu'il ajouta : sa femme est venue chez moi ce matin, et y a fait beaucoup de train.

Jallabert, coëffeur, n'est indiqué ni par Lavoisier, ni par Leroi, ni par aucun autre détenu ; mais il est allé boire, le 26, dans un des cabarets fréquentés par ces conjurés, et il ne peut nommer ceux avec lesquels il a bu, sauf Signoret, il rend un compte plus satisfaisant de sa conduite.

Mouton convient être allé le même jour dans ce cabaret ; mais il dit y avoir été nécessité pour trouver le nommé Astruc, dit Laviolette, qui lui devait de l'argent ; ce dernier a été entendu, et sa déclaration vient à la décharge de Mouton.

Signé (Idem.)

Du deuxième jour complémentaire.

Les euragés suivent avec constance leurs sinistres projets.

Il existe véritablement un complot ; mais on n'a pu encore saisir toutes ses ramifications. Les chefs sont inconnus ; quelques subalternes sont arrêtés, et il résulte de leurs déclarations et des rapprochemens faits entre eux, qu'ils cèdent à l'impulsion secrette et cachée d'hommes qu'ils ne connaissent pas et qu'on ne leur indique que très-vaguement.

Que ce sont des enragés agissant d'après leur propre fureur, réunissant l'audace à l'expérience des mouvemens révolutionnaires, et capables de braver tous les périls, tous les dangers.

Ils reçoivent de l'argent, mais il sort encore de la main invisible qui les pousse, et n'arrive dans les leurs qu'après bien des détours.

Ils n'ont qu'un but, le renversement du gouvernement. Ils n'envisagent qu'en second les conséquences qui peuvent en résulter ; détruire d'abord, voilà leur unique pensée, sauf à songer après comment on remplacera.

On saisit à fur et mesure ceux qui sont signalés par les réponses des hommes arrêtés ; ils sont déjà au nombre de 19 ; on remonte avec prudence aux premiers échellons, et l'on prend toutes les précautions nécessaires pour arriver à la vérité.

Les royalistes se rapprochent de ces hommes, mais avec discrétion et avec prudence ; ils leur ont fait quelques avances, quelques ouvertures, et le préfet de police a su particulièrement qu'un certain Rivarol, demeurant rue Joseph, vis-à-vis les bains, a lui-même offert de l'argent à un individu qu'il a cru gagé ; qu'il lui a fait accepter 18 francs ; qu'il l'a engagé à sortir toujours armé de pistolets et de poignards, l'assurant que le parti du roi ne tarderait point à l'emporter, et qu'une place honorable et lucrative serait la récompense du zèle qu'il mettrait à défendre et soutenir une si belle cause.

Ce Rivarol est bien connu depuis le commencement de la révolution, pour avoir été constamment en opposition avec le gouvernement ; il est fin, délié, et par-dessus tout très-intrigant.

On le suit avec adresse ; cet homme a une coterie au Palais-Egalité ; il s'y rend presque tous les jours ; on saura ce qui s'y dit et ce qui s'y fait. On a cru prudent de ne point encore le faire arrêter, parce qu'il se méfie de la police et qu'il n'a aucuns papiers chez lui ; c'est en

l'observant

l'observant de près et en gardant le plus grand secret, qu'on parviendra à découvrir ceux qui le fréquentent et ceux qu'il va voir.

La tranquillité de Paris est toujours inaltérable.

Signé (idem.)

Du 13 vendémiaire an 9.

Des indices que les rapports journaliers des agens de surveillance rendaient, de plus en plus, dignes de foi, fesaient présumer au préfet de police que le pamphlet, ayant pour titre *le Turc et le Militaire français*, était sorti de la plume d'un nommé Metge, l'un des chefs les plus connus parmi les exclusifs.

Cet individu toujours actif, toujours entreprenant aux grandes époques, se cachait avec le plus grand soin et était venu à bout d'échapper à toutes les recherches, en sortant de Paris pendant le jour, n'y rentrant que la nuit close, et ne logeant pas deux fois de suite dans la même maison.

Enfin, à force de recherches, on a découvert le lieu où il se retirait pour travailler à ses pamphlets. C'était dans une petite chaumière, à Montmartre. On a su que chaque soir, emportant soigneusement tous ses manuscrits, rodant dans les faubourgs, il rentrait fort tard dans la ville, et allait coucher, tantôt dans un endroit, tantôt dans un autre.

Il fut suivi, le 11 de ce mois, et à la sortie du passage Feydeau, l'officier de paix et les inspecteurs chargés de cette opération l'arrêtèrent.

Metge se défendit avec beaucoup de violence, et porta plusieurs coups de stylet à l'officier de police, mais qui heureusement ne lui firent que de légères blessures au poignet et à la main. Il fut conduit de suite au corps-de-garde le plus voisin et ensuite à la préfecture de police.

Aussitôt son arrivée, on le fouilla avec soin, et on lui trouva différens manuscrits qui furent cottés et paraphés en sa présence.

B

Le lendemain 12, dès la pointe du jour, il fut conduit dans la rue Nicaise, où l'on avait découvert qu'il avait couché depuis deux jours chez une femme publique ; on y trouva et l'on saisit un grand porte-feuille plein de manuscrits, de notes, d'adresses, parmi lesquels le manuscrit original du dialogue *du Turc et du Militaire.*

On le mena encore dans une autre maison qu'il avait habitée rue de Thionville, mais on n'y trouva rien.

Metge ne veut point répondre aux interrogatoires qu'on lui fait, ni signer le procès-verbal de reconnaissance des scellés apposés sur ses papiers.

On s'occupe maintenant de leur examen ; mais ils sont en si grande quantité que cette opération ne pourra être terminée que demain.

Metge est originaire de Carcassonne ; il a été arrêté déjà plusieurs fois comme auteur de diatribes virulentes contre le gouvernement et la représentation nationale.

On ne lui connait aucun moyen d'existence, et cependant il fait chaque jour une dépense assez considérable.

Cet homme est payé ; reste à connaître la main qui le soudoie lui et ses pareils. Les recherches les plus actives continuent à cet égard, et l'on ne désespère pas d'arriver à la source.

Jusqu'à présent les soupçons ont été particulièrement sur Félix-Lepelletier, Antonelle et quelques anciens députés, que l'on tient depuis longtems en observation.

Les enragés continuent leurs propos et leurs menées ; ils ne sont certainement pas étrangers aux pamphlets royalistes répandus dans l'enceinte de cette ville ; certains discours que l'on a recueillis, confirment cette opinion. Ils disaient entre eux, ces jours-ci, qu'il fallait répandre que c'étaient le gouvernement et la police qui faisaient imprimer ces libelles, pour avoir occasion de sévir contre les républicains prononcés.

Ces mêmes hommes se sont réjouis de la prise de Malte ; ils font des vœux pour que cet événement ra-

nime les espérances des puissances coalisées , et puisse
retarder la paix qu'ils redoutent.

Leurs menées sont étrangères à la masse du peuple ;
qui les a en horreur , et qui jouit avec reconnaissance,
de la tranquillité et du travail qu'un bon gouvernement
lui assure.

Dn 18 vendémiaire , 5 heures du soir.

De nouveaux projets doivent éclater. Le citoyen
Harel, capitaine, donne les moyens et de prévenir un
attentat et d'arrêter quelques-uns des coupables.

Il est allé chez Demerville. Celui-ci après avoir sondé
ses opinions politiques , avait cru pouvoir l'initier dans
une vaste conspiration.

Bonaparte doit être poignardé et le gouvernement
changé. Demerville nomme plusieurs des conjurés. Des
généraux , des hommes en place sont désignés par
lui.

Harel s'est empressé de faire part au citoyen Lefevre
des connaissances qu'il venait d'acquérir.

Harel a rendu une nouvelle visite à Demerville.

Demerville l'a invité à se procurer quatre hommes
sur lesquels on puisse compter ; une somme de cent
cinquante francs est alors donnée. Soixante mille francs
ont promis pour récompenser leur action.

L'action consommée , les conjurés se rendront maîtres
de l'arsenal ; il s'empareront de 40 à 60 pièces de
canon qui se trouvent à Vincennes. Deux millions qui
existent dans les caisses de la loterie , suffiront pour
les premières dépenses ; les assemblées primaires seront convoquées , et le milliard promis aux militaires
sera assuré.

Le même jour Demerville avertit Harel qu'il ne faut
pas perdre un seul instant, et pour trouver des hommes
et pour se procurer des armes ; une nouvelle somme de
cent francs est donnée , elle est destinée à cet achat.
Harel observe en présence d'un romain , de Ceracchi,
qu'il s'est informé du prix et que cette somme ne peut
suffire. On promet de faire de nouveaux efforts , et en

effet, dans la soirée, le romain Ceracchi remet encore cent soixante francs.

Enfin, le dix-sept, tout est arrêté, c'est le dix-huit, à l'opéra, que Bonaparte doit périr.

Harel de nouveau se rend chez le ministre de la police générale, qui le renvoie à la préfecture, où on lui donne quatre hommes sûrs, qui doivent jouer le rôle de conjurés.

Le 18 au matin, Harel achète quatre paires de pistolets et une paire d'espingoles ; deux paires sont remises à Demerville, une à Céracchi ; il doit armer trois hommes décidés.

Harel, de son côté, reçoit six poignards des mains de Demerville.

Il en confie quatre, à quatre citoyens qui depuis les ont déposés à la préfecture.

Signé (idem.)

Du 19 vendémiaire an 9.

Dans la nuit du 18 au 19, Ceracchi et Diana, arrêtés au théâtre des Arts, ont été interrogés.

La fille Fumey, Delavigne et Detecq ont été arrêtés.

Paris est dans l'indignation, mais tranquille. L'arrestation des scélérats n'inquiète que leurs complices qui doivent être peu nombreux. Ils appartiennent à un petit nombre d'enragés que la masse du peuple bafoue quand ils osent montrer des prétentions, et maltraite même lorsqu'ils laissent pénétrer leurs projets.

Signé, (idem.)

Du 20 vendémaire.

Demerville a subi interrogatoire ainsi que la fille Fumey, Delavigne et Detecq. On a recueilli des aveux précieux. Le tribunal va s'occuper de la procédure.

Paris est tranquille. On n'a pu recueillir dans les faubourgs ni ailleurs une seule expression d'intérêt pour les coupables. L'attachement au premier consul, et la haine de ses ennemis se manifeste avec une ardeur qui ferait craindre pour ceux des enragés qui viendraient à être soupçonnés d'avoir trempé dans le complot.

Du 28 vendemiaire an 9.

Les enragés n'ont plus un seul point de réunion fixe; ils évitent avec le plus grand soin l'œil de la police qui les suit; on sait néanmoins que loin de renoncer à leurs projets, ils les suivent avec ardeur.

Ce sont toujours des hommes sans moyens, sans état, sans consistance qu'ils mettent en avant, et ces misérables qui n'ont rien à perdre, ne craignent pas de s'exposer.

Ce sont ceux-là qui vont clabaudant de cabarets en cabarets, dans les atteliers et dans les places publique.

Le préfet a été informé qu'aujourd'hui des individus dont les intentions sont toujours suspectes, s'était promis de se réunir au théâtre des Arts; il a donné sur-le-champ l'ordre à six commissaires de police et à un certain nombre d'agens de s'y transporter avant l'arrivée du public, et d'employer tous les moyens de surveillance et de répression nécessaires.

Il a requis en même tems le commandant d'armes de la place d'y placer une force armée imposante.
Paris est tranquille. *Signé* (idem).

Du 5 brumaire an 9.

L'un des agens qui suivent les enragés, rapporte qu'ils ont dit qu'il falloit renoncer au projet de jeter des matières inflammables dans les caves du palais des Tuileries; que la surveillance était trop bien établie, mais qu'ils sauraient prendre d'autres mesures.

Aujourd'hui, à trois heures après-midi, ils étaient cinq ou six réunis chez un nommé Grabier, marchand de vin auprès des Fossés de la Bastille. L'un d'eux a dit qu'il serait peut-être possible de s'introduire sous le château par un passage ou espèce d'aqueduc donnant sur la rivière près le pont des Tuileries.

Un autre a observé que la chose était difficile, attendu qu'on pourrait les observer facilement des bains.

Signé (idem).

'Du 7 brumaire an 9.

Les enragés dont il a été question dans le rapport d'hier, se sont présentés ce matin à cinq heures pour ouvrir la grille de l'aqueduc qui donne près le pont des Tuileries.

L'agent rapporte qu'ils sont venus à bout d'ouvrir la première grille; mais qu'entrés d'environ vingt-cinq pas, ils en ont trouvé une seconde dont la serrure ne s'ouvrant que du côté du château, leur a ôté tout espoir de pouvoir pénétrer plus avant. Ils se sont retirés, et ont entièrement renoncé à ce projet.

Ce matin ils se sont réunis à six ou sept, toujours chez le même marchand de vin. Là on s'est occupé de nouveaux projets; il a été question de fabriquer des chevaux de frise pour les jetter dans les rues voisines des spectacles. On connaît le serrurier chargé de les faire, et si l'entreprise a lieu, on sera averti pour le saisir en plein travail.

Les faubourgs et la ville sont dans une tranquillité parfaite. Les enragés sont abhorrés ; mais on les méprise à tel point qu'il n'est pas à craindre que la haine qu'on leur porte soit une occasion de trouble pour l'ordre public. *Signé*, (idem.)

Du 8 brumaire an 9.

Les enragés ont eu hier et aujourd'hui plusieurs réunions partielles, notamment une dans un cabaret de Vanvres près Yssy.

Parmi beaucoup de propos qui s'y sont tenus, on a remarqué ceux-ci : *nous n'aurons pas de repos*, dit l'un d'eux, *que ce gouvernement-ci ne soit à bas, et nous prendrons tous les moyens possibles.*

Plusieurs d'entr'eux s'occupent de fusées ou artifices qu'ils croyent pouvoir lancer à quelque distance; et c'est pour le moment et le lieu qu'ils croiront propres à l'exécution de leur projet, qu'ils ont conçu l'idée d'avoir les chevaux de frise, dont on a parlé dans le rapport.

Signé, (idem.)

Du 12 brumaire an 9.

Les enragés continuent leurs tripots dans les cabarets où ils ont soin de prendre toujours une chambre séparée.

Ils s'occupent du projet des fusées et des chevaux de frise dont il a été question dans les rapports précédens.

Un nommé Chevalier, déjà signalé, et que l'on cherche depuis la fin de fructidor, se rencontre dans ces conciliabules.

Le préfet de police a mis à la suite de cet individu, qui ne couche jamais deux nuits de suite dans le même endroit, deux agens adroits qui ne lâcheront point prise qu'ils ne l'aient enfin arrêté.

Ce Chevalier a dit hier qu'il fallait qu'on prit aujourd'hui une résolution définitive, ou qu'autrement il renonçait à tout, et quitterait Paris pour se rendre à Bordeaux.

On a découvert le petit attelier où le nommé Descreppes fabrique les chevaux de frise ; une surveillance sévere est établie aux environs de ce local où l'on ne travaille que la nuit ; on saisira les choses et les personnes au moment même de l'opération, et quand on se sera assuré qu'on est en pleine activité.

Il n'est pas de rêveries absurdes que ces malheureux ne prennent pour des vérités ; et tout leur paraît possible quand ils croient arriver à leur but.

Il est un seul objet sur lequel ils ne conservent pas d'espérance. Ils accusent ce qu'ils appellent le sommeil du peuple, et se plaignent amérement de ne pouvoir agiter un seul attelier dans les faubourgs. La confiance qu'inspire le gouvernement, réduit à quelques scélérats le nombre de leurs complices.

Signé (idem)

Du 13 brumaire an 9.

LES enragés continuent leurs menées Jumillard et Brisevin, deux des plus marquans, ont été arrêtés ce matin.

On est à la recherche de plusieurs autres. Les hommes ne sortent presque plus ; ce sont les femmes qui colportent les nouvelles et vont chercher de l'argent.

Le nommé Chevallier ; qui s'occupait des fusées dont il a pris le nom de François et se cache avec un soin extrême. Depuis trois jours et trois nuits. On est à sa recherche, et on ne quittera point prise qu'on ne l'ait trouvé.

Paris est tranquille. *Signé* (idem)

Du 14 brumaire an 9.

L'ARRESTATION des deux enragés d'hier a produit des effets différens parmi ces factieux.

Le premier, nommée Brisevin, demeure faubourg Antoine. Les exclusifs de ce quartier disent qu'on va les enlever tous, et que l'arrestation de cet homme est le signal d'une déportation général ; de là mille et mille propos.

Le second, nommé Jumillard, demeure dans le faubourg Marceau. Celui-ci est un véritable chef de bande. C'est chez lui qu'on s'est réuni le plus souvent ; qu'on y a conçu et médité les plus exécrables projets, et qu'on a fixé le prix et la récompense du crime. Tous ceux qui l'ont fréquenté sont éperdus, se cachent et n'osent plus se montrer les uns chez les autres. Ils disent qu'ils sont vendus par quelques-uns des leurs, mais que les traitres seront assassinés...

Paris est tranquille. *Signé* (idem.)

Du 16 brumaire an 9.

LE préfet de police fesait rechercher depuis plusieurs jours les nommés Gombault-Lachaise et Desforges, septembriseurs bien connus dans le parti, et tenant chez eux, à l'Abbaye-aux-bois, de fréquens conciliabules : ils ont été arrêté ce matin dans une maison rue Fromentel, près la rue St-Jacques. Le logeur a d'abord nié qu'ils fussent chez lui : on a été obligé de faire ouvrir les portes dar le serrurier.

Le nommé Bousquet qui demeurait rue de l'Echelle, et prévenu d'avoir remis de l'argent à Metge, pour l'exécution de ses plans exécrables, a été aussi arrêté ce matin ; rue Frepillon. On a encore nié qu'il fût dans la maison ; on l'a trouvé couché entre deux matelas, et deux de ses amis couchés dans le lit par dessus lui ont été également arrêtés parce qu'ils n'ont pu justifier de papiers de sûreté.

Signé, (idem)

Le préfet de police au premier consul. — Paris ce 17 brumaire an 9.

CITOYEN CONSUL,

J'AI l'honneur de vous prévenir que, cette nuit à deux heures, j'ai fait arrêter le nommé Chevalier, logé momentanément dans la maison des Blanc-Manteaux ; on a saisi chez lui une machine infernale, construite dans le plus criminel dessein, un panier plein d'artifices et quelques papiers.

J'ai fait arrêter en même tems le nommé Veycer, signalé comme un de ses complices, et chez lequel il était couché ; un nommé Burloy et une femme Bucquet, qui tous deux ont affirmé que Chevalier n'était pas dans la maison à l'instant où l'on s'y est présenté, quoiqu'ils le sussent bien, et qu'ils eussent des liaisons avec lui.

J'ai fait faire de suite perquisition au domicile de Chevalier, rue St.-Dominique, près les Invalides. On y a encore trouvé de l'artifice et des cartouches, qui ont été saisis.

Ces quatre individus sont détenus séparément et au secret ; on va les interroger, et j'aurai l'honneur de vous rendre compte du résultat de leurs interrogatoires.

Salut et respect.

Le préfet de police, signé, DUBOIS.

Pour copie conforme :

Le secrétaire d'état, signé, H. B. MARET.

Extrait des rapports de la préfecture de police, du 17 brumaire an 9.

Les interrogatoires de Chevalier et complices sont commencés.

Douze individus arrêtés en ce moment paraissent évidemment faire partie de la conjuration.

1°. Desforges, Gombaut-la-Chaise, Jumillard, Brisevin ont vu fréquemment Chevalier, l'ont reçu chez eux, et tous les rapports s'accordent à dire qu'ils l'ont secondé de tous leurs moyens pécuniaires pour sa détestable entreprise.

2°. Gueraud et Thibaud, qui recélaient chez eux Bousquet avec tant de soins ; Bousquet, leur ami intime, ne pouvait rien ignorer de ce que l'on méditait.

3°. Veycer, Burloy et la femme Bucquet, qui ont donné asile à Chevalier dans la maison des Blancs-Manteaux, étaient également instruits ; Veycer surtout dans la chambre duquel on a trouvé la machine infernale.

4°. Descreppes enfin qui voyait Chevalier tous les jours, qui devait fabriquer, et a peut-être même fabriqué des chevaux de frise, dont on a parlé dans les précédens rapports.

Ce n'est qu'après que tous ces individus auront été interrogés et confrontés que l'on pourra savoir au juste jusqu'où allaient leurs projets.

Ce qu'on en sait jusqu'à présent n'a été connu que par les rapports des agens secrets, rapports qui paraissent tous coïncider.

Ceux qui sont interrogés se tiennent fortement sur la défensive ; mais déjà ils se sont coupés, et à la confrontation la vérité éclatera.

L'interrogatoire de Chevalier jettera, à ce qu'on espère, un grand jour sur cette affaire ; et les pièces à conviction, dont il a été trouvé muni, lui ôtent tous les moyens de dénégation.

(23)

La machine infernale consiste en une espèce de baril que l'on croit être rempli de balles, de marons et de poudre. Chevalier dit qu'il y a 6 à 7 livres de cette dernière matière. A ce baril tient un canon de fusil solidement fixé, garni de sa batterie, mais ayant la crosse coupée. Cette machine devait être placée sur une petite voiture que l'on aurait inopinément et dans un temps donné, fait sortir d'une porte pour obstruer un instant le passage, et alors, à l'aide d'une ficelle, on eût fait partir la détente, et renversé tout ce qui se serait trouvé dans les environs.

D'énormes marons d'artifices devaient être jettés au même instant de toutes parts, pour augmenter le trouble et la confusion.

Demain dans la journée les interrogatoires seront terminés, et l'on en présentera l'analyse dans un rapport.

On observe que plusieurs individus arrêtés ont déjà paru plus d'une fois au tribunal criminel, et que tous ont figuré parmi tout ce que la démagogie a de plus impur et de plus dégoûtant.

Signé, (idem.)

Procès-verbal du préfet de police, contenant examen par le citoyen Monge de la machine saisie sur Chevalier — Paris, le 19 brumaire an 9 de la république française.

Ce jourd'hui dix-neuf brumaire an 9, à dix heures du matin, devant nous préfet de police de Paris, est comparu le citoyen Gaspard Monge, âgé de cinquante-quatre ans, membre du sénat conservateur, lequel a bien voulu se rendre à l'invitation que nous lui avons précédemment adressée; avons représenté au citoyen Monge une arme de la longueur d'environ cent vingt-neuf centimètres, portant à une extrémité une batterie de fusil, fixée sur bois de fusil, scié au-dessous de la sous-garde, laquelle correspond à un corps ou conduit en bois qui va se joindre à un baril de huit pouces de diamètre environ, lequel paraît cerclé en fer et rempli ; ladite arme revêtue de papier brouillard dans toute sa longueur, à partir de la batterie, et le baril recouvert d'une toile fixée à la colle-forte.

Pour arriver à un examen et connaissance plus certaine de cette machine, elle a été démontée en présence du citoyen Monge et de Chevalier, chez qui elle a été saisie.

D'abord on a levé dans toute sa longueur le papier qui en formait le recouvrement, et au-dessous il s'est trouvé un bois de fusil de chasse ; la place du canon étoit occupée par un morceau de bois portant une cannelure dans laquelle était placée une mèche couverte de papier, répondant d'un bout à la batterie et de l'autre bout à la partie intérieure du baril, auquel lesdits morceaux de bois et la monture du fusil étoient fixés transversalement par deux chevilles de fer.

L'enveloppe de toile dudit baril ayant été levée, il a été reconnu que c'était un baril à poudre ordinaire, cerclé de fer aux deux extrémités, et garni à l'extérieur de cloux et grosses têtes dites caboches.

Les pièces de bois et monture de fusil ayant été séparées du baril, il en a été retiré par les ouvertures qui les recevaient, huit livres de poudre de munition de fusil ; ce qui a été prouvé par les débris de cartouches dont elle était mêlée, et deux livres de scories de fourneaux de fer ou verreries cassées en petits fragmens.

De l'examen qu'il a fait de cette machine, le citoyen Monge nous a dit que, sans rien préjuger sur le bon sens et la moralité de son auteur, il en conclut que si l'auteur est sensé, la machine ne parait pas avoir été imaginée pour mettre à mort une personne déterminée, mais bien pour blesser et même tuer indistinctement une grande quantité de personnes réunies, comme, par exemple, dans un cas d'abordage ; et qu'en la considérant sous ce rapport, elle ne lui paraissait ni bonne ni d'un usage avantageux pour le service de la marine ; que cependant son usage eût pu être très-meurtrier, si ce baril eût été introduit dan une voiture ou autre lieu peu spacieux où plusieur

personnes

personnes se seraient trouvées réunies : et a le citoyen
Monge signé après lecture ;   *Signé*, MONGE.

    Pour copie,

Le secrétaire d'état, signé H. B. MARET.

*Extrait d'un rapport du préfet de police. — A Paris, le
23 brumaire an 9 de la république française, une et
indivisible.*

Topino-Lebrun a été interrogé ce matin ; il s'est renfermé dans des dénégations dont rien n'a pu le faire
sortir ; il a nié constamment tout ce dont Ceracchi et
Demerville l'ont accusé, et il n'est convenu que de ses
rapports avec Ceracchi et avec Joseph Aréna. Il a
cherché à couvrir ses liaisons du motif de l'amour
des arts.

Il n'en est pas moins vrai qu'il est complice de ces
deux hommes, et qu'il ne pourra soutenir la confrontation au tribunal criminel.

Cet homme est marseillais ; sa tête est bouillante ;
son caractère est décidé. On a remarqué cependant,
dans toute l'habitude de son corps, une sorte d'inquiétude et de trouble qui contrastait avec l'assurance
de son verbe.

La tranquillité de Paris est entière. La haine des agitateurs et la confiance dans le gouvernement sont hautement manifestées dans tous les ateliers.

                       Signé, (idem.)

     Du 1er. vendémiaire an 9.

Les enragés croient déjà que tout va tourner à leur
avantage: ils disaient hier que *ceux injustement détenus,*
par suite de l'affaire du 18 vendémiaire dernier, seraient mis en liberté aussitôt le départ du premier consul ; que le peuple et les troupes ne demandaient pas
mieux que de changer de gouvernement.

Un rapport annonce aujourd'hui que Talot, ex-membre du conseil des cinq-cents, est arrivé à Paris ; —
qu'hier il a cherché à se faufiler avec des ouvriers du

faubourg Saint-Antoine : il a été dans la matinée à Surène, voir une maison où il dit vouloir établir une fabrique d'amidon ; il s'explique chaudement sur notre situation politique, il dit que le plan est si bien combiné cette fois, qu'il est impossible qu'il ne réussisse pas, et que le gouvernement tombera avec tous ses amis.

Talot n'a point fait viser son passeport, et n'est point en maison garnie. Les ordres les plus sévères sont donnés pour le rechercher et les surveiller.

La tranquillité de la capitale est absolue ; on se confie au gouvernement, et les artisans ne se mêlent que de leurs boutiques et de leurs atteliers.

Signé, (idem).

Du 3 *frimaire* an 9.

Il y a eu ces jours derniers une réunion d'enragés chez Chrétien, limonadier près le théâtre Italien. On y a dit qu'on n'attendait que le départ du premier consul pour frapper un coup ; que l'on préparait une insurrection générale dans Paris, et que l'on serait fortement secondé par les réfugiés, les colons qui sont à Paris.

Ils ont parlé de canons déposés à Versailles dont ils prétendent qu'il sera facile de s'emparer, ainsi que des fusils de corps-de-garde.

La confiance des citoyens de Paris dans le gouvernement est telle, que les enragés n'espèrent entrainer que des individus étrangers à la capitale.

Signé, (idem.)

Du 2 *frimaire* an 9.

On répand aujourd'hui dans Paris, la nouvelle d'une prolongation de l'armistice pour six mois, et que l'empereur donne de nouveaux gages de la bonne foi avec laquelle il veut traiter ; on dit, à l'appui de cette nouvelle que le départ du premier consul n'aura pas lieu, qu'il a donné contre-ordre, et que le régiment des guides revient à Paris.

Ce bruit fondé ou non, fait une grande impression, et excite un grand contentement dans le faubourg Marceau, où en moins de deux heures, il a circulé dans toutes les bouches.

Les enragés s'empressent de le démentir, et le desir qu'ils éprouvent de voir continuer la guerre comme favorable à leurs desseins, leur fait croire à l'impossibilité absolue de la paix.

Ces hommes sont encore les seuls qui se permettent de censurer le compte rendu par le gouvernement au corps législatif. Il a été généralement vu par les bons citoyens avec un grand plaisir, et il leur a fait concevoir pour l'avenir les plus heureuses espérances.

Signé (idem.)

Du 5 frimaire an 9.

Il y a eu hier un grand dîner d'enragés, parmi lesquels on remarquait Guirau, Cheval, Chrétien et autres. On s'y est occupé d'une collecte pour les détenus du Temple, et des moyens de leur procurer des défenseurs. Il paraît que c'est particulièrement au sort de Metge qu'ils s'intéressent davantage, et qu'ils le regardent comme l'homme qui pouvait être le plus utile au parti.

Signé (idem).

Du 6 frimaire an 9.

Les enragés disent aujourd'hui qu'ils ont reçu des nouvelles satisfaisantes de différens départemens, de Marseille, Bordeaux, et quelques autres grandes villes.

Qu'on leur mande de Bordeaux qu'il était tems que le citoyen Thibaudeau fût rappelé, parce qu'il n'était pas aimé des patriotes.

Qu'on ne se presserait pas d'agir, et qu'on attendrait l'exemple de Paris.

Ici, ils disent qu'il faut, avant de remuer, savoir comment tournera le procès des détenus. On se dispose néanmoins à inonder les galeries et les salles du palais, quand l'instruction publique commencera au tribunal criminel.

Les conciliabules continuent toujours; ils sont fréquens et peu nombreux.

Paris est tranquille.   *Signé*, (idem.)

Du 11 frimaire an 9.

Les enragés font courir le bruit qu'une fois le général premier consul parti, on n'osera pas mettre en jugement les coupables détenus, parce qu'on est sûr que le peuple lui-même les délivrera par la force : ils ajoutent qu'une nouvelle révolution approche, et qu'elle sera plus violente que celles qui l'ont précédée; mais la masse du peuple est calme, et ne fait aucune attention à ces propos.

Les enragés ont formé le projet de se réunir dans une portion du local des ci-devant Capucines. Déjà hier on s'y est assemblé en petit nombre; on ne doit pas se voir souvent, crainte de surprise. On a pris les mesures nécessaires pour les veiller de près.

Signé, (idem.)

Du 23 frimaire an 9.

Les enragés parlent souvent de leurs amis de Versailles, des secours et des conseils qu'ils en reçoivent. On a pris, à cet égard, des renseignemens, et il en résulte qu'un nommé Basin, demeurant à Versailles, rue de Montesquieu, avenue de Saint-Cloud, n°. 12, tient chez lui une assemblée des hommes de ce parti; qu'on se réunit, presque tous les soirs sous la présidence de ce Basin.

Les membres sont coëffés du bonnet rouge. On y lit la correspondance des amis de Paris, et l'on s'occupe de projets plus incendiaires les uns que les autres.

Signé, (idem.)

Du 25 frimaire an 9.

Il y a encore eu hier au soir une réunion chez le marbrier Gilet, boulevard du Temple.

Elle était composée de dix individus de différents quartiers de Paris et les plus prononcés de cette faction.

On a remis sur le tapis les moyens de détruire le gouvernement et de ramener la trop fameuse constitution de 93 ; on s'est engagé mutuellement à travailler les ouvriers que l'on connaissait, et l'on est convenu de s'attacher à ceux des faubourgs.

La section des Gravilliers est celle qui renferme le plus d'hommes de cette trempe ; ils continuent à se voir chez le limonadier Chrétien, près les Italiens.

Signé, (idem)

Du 27 frimaire an 9.

Le café Ollivier est toujours l'un des points de réunion des enragés. Avant-hier et hier il y en avait un certain nombre. Ils sont perpétuellement sur le *qui vive*, et dès qu'ils apperçoivent un visage inconnu ou suspect, ils s'évadent par différentes portes et vont se rejoindre le plus souvent au café Chrétien.

Paris est dans une tranquillité parfaite.

Signé, (idem.)

Du 1er nivôse an 9.

Trois enragés demeurant à Senlis, employés dans les eaux et forêts, viennent souvent à Paris. Ce sont les nommés Lequin, Motelet, ancien moine, et Duchaufour.

Les frères Linage et Lefèbvre cherchent à agiter les ouvriers sur lesquels ils avaient autrefois de l'empire. Ils voudraient exciter une émeute.

Leurs efforts seront inutiles. : Paris est calme, et tout annonce que sa tranquillité ne peut être troublé.

Signé, (idem.)

Du 2 nivôse an 9.

Un agent rapporte que décadi dernier il a parcouru quelques guinguettes, où il a rencontré les nommés Milliere, Lacombe, Labare, Deveau et Pijot. Ce dernier est qualifié d'homme très-enragé. Il résulte des conversations qu'il a eues avec eux, et notamment avec Milliere et Pijot, qu'ils méditent un grand coup ; qu'il se proposent de mieux s'entendre que ne l'ont fait ceux qui sont au Temple, et qu'ils sont assurés du succès. Pijot a ajouté qu'à la tête de l'affaire étaient des hommes du gouvernement.

Le même rapporte qu'il a vu deux enragés, dont on connoît les noms, chez Bergoing, ex-représentant et qu'ils parlaient ensemble d'une nouvelle conspiration. Ils disaient qu'il existe quatorze hommes déterminés, dont les noms sont inconnus à ceux même qui sont dans le complot; qu'un de ces hommes a été député par les autres vers un chef des enragés pour lui proposer leurs services, moyennant 150,000 f. qui seraient déposés pour être distribués aux quatorze hommes, après qu'ils auraient commis l'attentat horrible qu'ils méditent. Les agens ajoutent qu'une des conditions proposées est la réunion des thermidoriens aux enragés.

Un autre agent rapporte que Bergoing a distribué de l'argent à quelques hommes du faubourg Antoine, dévoués aux chefs des enragés précités. Il nomme Ducatel, Boyer, les deux Bremant et Moreau, tous hommes du faubourg.

Les enragés essayent de se réunir chez quelques marchands de vin. On surveille avec grand soin les maisons où ils pourraient se rassembler.

Les enragés du faubourg Antoine se sont réunis hier rue de la Roquette avec quelques officiers nègres.

Boyer et Ducatel se rendent alternativement chez le chef des enragés déjà rappellé, pour lui faire connaitre ce qui se passe dans le faubourg Antoine. Deux des affidés du faubourg vont tous les jours au café Chrétien, et deux autres vont rendre visite aux exclusifs de la division de l'Ouest.

Dans un café de la rue de l'Université, au coin de celle du Bacq, se réunissent cinq ou six individus dont un nommé Martin, employé jadis dans les bureaux du ministère de la police.

Des femmes anarchistes, la femme Denis, la femme Huthut et la sœur Vacraf épicnt les personnes qui entrent au ministère de la police et à la préfecture, pour connaitre les agens secrets. On les observe avec soin.

La veuve Sijas, aujourd'hui femme Préville, disait hier que les patriotes, pour venger leurs affronts, avaient été obligés de se jetter dans les bras de quelques coquins, parce qu'ils étaient à la tête du bon parti.

La tranquillité n'est pas troublée. L'attachement au premier consul est universel.

Sigr é (idem.)

Du 4 nivôse an 9.

Quatorze individus signalés dans de précédens rapports, comme capables de commettre un crime, semblable à celui qui a été commis hier, et ayant osé parler souvent de la possibilité de son exécution, sont arrêtés.

On est à la suite de beaucoup d'autres encore.

Il résulte de divers renseignemens recueillis dans la matinée, qu'hier soir, à 6 heures et demie, on a vu deux voitures arrêtées sur les nouveaux boulevards, presque vis-à-vis la rue Notre-Dame-des-Champs, que par quelques mots échappés aux individus qui se promenaient dans cette même rue; il résulte que Pijot, Millière, Leroux, Daubigny et Labarre étaient du nombre de ceux qui occupaient ces voitures. Ils disaient qu'ils attendaient une grande nouvelle. A 9 heures il n'y avait plus de voitures dans la rue.   *Signé*, (idem.)

Un agent a fait le rapport circonstancié qui suit.

Ayant eu lieu de soupçonner que Desforges méditait quelque chose de funeste contre le premier consul, je pris les moyens de m'en assurer, et voici ce qui est parvenu à ma connaissance.

Dans le courant de prairial an 8, on parla du départ du premier consul, pour l'Italie. Alors, Desforges et ses adhérens formèrent le plan de faire déserter plusieurs grenadiers du consulat. Un individu dont j'ignore le nom, mais que je connais de vue, se chargea d'en cacher cinquante.

Je m'assurai bientôt que Desforges tramait ainsi, d'ac-

tord avec un comité composé de Aréna frère du dernier représentant, Toulotte, Gombeau-Lachaize, Pe-
pin-Degrouette, Metge, Juvenot, Talot, Jumillard,
Laignelot, un des premiers fonctionnaires de la république romaine, Ceracchi, etc. Desforges m'assura qu'ils
avaient des intelligences parmi quelques employés de
la police

Sur la fin de prairial ou dans les premiers jours de
messidor an 8, Gombeau-Lachaize réunit chez lui, à un
dîner, rue de l'Arbre-Sec, maison d'un chaircuitier, un
grand nombre de conjurés. On y bût à la santé de la
démocratie pure, puis à la mort du tyran, et de tous
ceux qui avaient reçu des places de lui. Desforges de-
manda à Aréna si on avait des nouvelles. Ce dernier ré-
pondit : « On est parti : on espère qu'il ne reverra jamais
Paris. — Mais sommes nous prêts, dit Desforges. — Oui,
reparti Aréna, rien n'est changé. Au moment où on ap-
prendra sa mort, on feindra de proclamer Louis XVIII,
» et on arborera la cocarde et le drapeau blancs pour a-
« voir sur - le - champ les royalistes imbécilles, tandis
» qu'on s'emparera de ceux bien connus. Le carnage du-
» rera quarante-huit heures, sans s'arrêter, et on permet-
» tra le pillage aux tronpes qui seront à Paris, pour punir
» les marchands de Paris d'avoir fait guillotiner Ro-
» berspierre. «

Desforges applaudit et dit: « Je suis prêt aussi : je
» m'emparerai de la caisse des jeux, de la trésorérie et
» des caisses particulières. J'ai trois à quatre cents
» hommes tous prêts avec ceux qui dans le moment se
» rangeront de notre côté ».

La victoire du premier consul en Italie et surtout son
retour à Paris, déconcerta ces projets et même leurs
auteurs.

Mais bientôt Desforges les rallia ; il fit plus, ayant
découvert une autre faction qui tramait contre la sienne,
depuis plusieurs mois, il les réunit dans le courant de
messidor an 8, par l'entremise de Pijot, ancien notaire.

Voici les moyens de cette faction découverte par
Desforges.

Quelques officiers chassés de leurs corps, Desforges, Gombeau - Lachaize, Derval, Bousquet et autres, se réunir, dans le courant de thermidor, à un diner chez un traiteur rue de la Chaise. Il y fut arrêté qu'on introduirait des assassins dans la compagnie de grenadiers de la quarante-cinquième demi-brigade, un jour de revue ; et qu'au moment où elle défilerait, ils feraient feu sur le premier consul. Ce projet ne put avoir lieu : ayant sondé le terrein, l'on trouva que les grenadiers de ce corps étaient trop attachés à Bonaparte. Les conjurés reçurent avis de quelques agens de la police, de rester quelques jours tranquilles ; ce qu'ils firent.

Mais bientôt après, Desforges réunit les deux factions chez Demerville. On y arrêta de chercher un *Brutus* français. Desforges se chargea de ce soin.

En effet, un jour que Lafond jouait pour la seconde fois dans Mahomet (je ne me souviens pas de la date de ce jour) Desforges se rendit chez Moise-Bayle, ex-député, où j'allai avec lui, et où étaient réunis Berger, Bousquet et Pijot ; il était quatre heures du soir environ quelque tems après Metge arriva. C'était lui qui s'était chargé d'assassiner le premier consul. Il devait exécuter cet attentat ce jour-là au théâtre de la République ; il était mal vêtu, il dit qu'il n'avait pas trouvé l'officier de la gendarmerie, qui devait lui prêter son habit ; mais que si l'on voulait lui en prêter un, il promettait que si le premier consul allait au spectacle, il n'en reviendrait pas existant. On résolu d'acheter une redingotte bleue, mais personne ne voulait s'en charger, et on n'osait pas confier de l'argent à Metge, crainte qu'il ne revint pas. On me proposa de le faire. Je sentis que si je refusais, je me mettrais dans le cas de ne pouvoir plus suivre mon plan ; je voulais d'ailleurs avoir occasion de faire causer Metge, que je ne voyais que pour la deuxieme fois. J'avais oui-dire qu'il avait chez le premier consul un ami dont il voulait se servir dans ses projets : j'espérais le lui faire nommer. J'acceptai donc ; je fus avec Metge, au marché des Jacobins ; où il acheta une redingotte bleue trente-six livres, et un chapeau six francs. Je le menai boire, espérant le faire causer ; mais je ne pus rien savoir de lui que son adresse, et je suis peut-être le seul à Paris qui la sais. Nous revînmes aussi-tôt chez Bousquet, que Moyse Bayle logeait. On donna douze francs à Metge et on l'encouragea. Il jura d'exécuter son projet. On l'embrassa : on l'arma d'un poignard, et il partit. On me proposa d'être de la partie, et six francs pour prendre un billet de premiere. J'acceptai ; car je me proposais en secret d'aller aux premieres, et d'avertir le commissaire de police, si le premier consul était au spectacle. Je n'avais pas d'autre moyen, car il m'était impossible de pénétrer au consulat, et je manquais de tems pour user d'une autre voie, n'ayant connu ce projet que dans l'après-midi. Mais le premier consul ne vint pas au spectacle, et l'attentat ne put pas être entrepris.

Je ne voulais pas écrire au premier Consul dans la crainte que ma lettre ne fut renvoyée à la police ; il m'était impossible de lui parler, je pris le parti de les surveiller moi-même et de les détourner de leur projet. Je fus secondé dans ce dessein par Metge qui leur mangea beaucoup d'argent et les joua. Ils l'abandonnèrent pour un autre plan.

Quelques jours avant la fête de la fondation de la République, Desforges me fit part de la construction d'une machine. Bousquet en avait payé le prix, Metge l'avait inventée, on l'avait construite d'après le dessin de Gombaut-Lachaise. Les différentes parties en avaient été travaillées par différens ouvriers. Chacun d'eux ignorait la destination de ce à quoi il travaillait. Metge l'avait montée ; elle devait lancer une balle à trois cents toises de distance. Metge placé dans une maison de la place des Victoires devait la faire jouer contre le premier consul. Ils regardaient son effet comme infaillible. Outre cela on avait organisé une compagnie de Tyrannicides au nombre de douze. Ils avaient été choisis par Demerville. On me cacha leurs noms. La veille ou le matin de la fête, Gombaut-Lachaise prêta un sac de nuit dans lequel la machine a dû être portée à la place des Victoires ; quelques-unes des décorations élevées sur la place et le nombreux état-major dont le premier consul était entouré rendirent l'exécution de cette entreprise impossible.

Juvenot, ex-aide-de-camp de Henriot, s'est transporté en fructidor an 8 à Malmaison; il s'est introduit dans l'intérieur de la maison du premier consul, à l'aide des marbriers qui y travaillaient, pour examiner la situation des lieux. Il y a remarqué quelques chaumières aux environs. Il a proposé d'incendier une de ces chaumières pendant une nuit où le premier consul coucherait dans ce pays, et pendant que ses gens iraient chercher des secours, de tomber avec 20 hommes environ dans sa maison, pour l'y assassiner. Il a proposé encore de faire déguiser plusieurs sans-culottes en rouliers, de leur donner des voitures à conduire sur le chemin de Malmaison et de les engager à s'arranger de manière à embarrasser tout le chemin, dans un endroit convenu, au moment où la voiture du premier consul passerait, afin que pendant ce tems une escorte placée en embuscade dans les environs pût faire feu sur la voiture.

Le 25 vendémiaire an 8, à 6 heures du soir, Desforges, Didier, Juvenot et Chevalier firent dans la maison dite de la Garre, derrière la Salpétrière, l'essai d'une machine qui contenait un feu dit feu grégeois, ils la dirigèrent contre une glace.

Comme leur intention était de diriger cette machine sur la voiture du premier consul, ils voulurent s'assurer de son jeu, de savoir si la glace de la voiture n'éteindrait pas la mèche et n'empêcherait pas que le premier consul fut atteint. Je m'étais rendu sur les lieux à leur invitation avec les femmes Desforges et Gombaut-Lachaise.

Nous nous tînmes à environ trois cent pas de la maison, pendant que les quatre conjurés y faisaient leur épreuve. Nous entendîmes une détonation épouvantable, et nous vîmes, dans toute la maison, une flamme semblable à un violent incendie; elle dura plus de six minutes; elle fut suivie d'une fumée extraordinairement épaisse : après l'épreuve les quatre conjurés sortirent. Didier et Juvenot regagnèrent par derrière la Salpétrière; Desforges et Chevalier vinrent à nous du côté de la Seine. Un d'eux avait eu une telle peur de l'explosion, qu'il avait sauté par une croisée pour se sauver.

Desforges nous dit que l'épreuve avait été satisfaisante, et qu'il comptait sur un effet infaillible lors de l'exécution. Chevalier nous dit encore qu'il y avait à y ajouter un ingrédient dont l'effet serait d'étouffer le premier consul, lors de l'explosion ; et que, s'il l'avait employé dans l'épreuve, aucun d'eux ne serait sorti de la maison.

Surs ainsi d'effectuer l'assassinat du premier consul à volonté, les conjurés pensèrent à organiser une insurrection pour en tirer parti, et un gouvernement pour lui succéder. A cet effet, ils chargèrent une commission composée de Choudieu, Tissot, Didier et Toulotte. Cette commission proposait plans et sujets. Le comité de Desforges adoptait, modifiait ou rejetait. Didier devait être maire de Paris ; il fallait un homme ferme comme lui. Paris devait être épuré en 48 heures : des commissaires devaient être dépêchés dans tous les départemens ; 25 personnes devaient diriger le mouvement.

Signé, Dubois.

Pour copie conforme,

Le secrétaire d'état, signé, H. B. Maret.

Rapport du préfet de police, aux consuls de la république. — *Paris, le 10 nivose an 9.*

Citoyens consuls.

Le 27 fructidor dernier, un complot a été découvert.

Des brigades organisées étaient dirigées par des chefs. Différens cabarets, et notamment un au coin des rues de la Loi et de Louvois servaient de points de ralliement. Les conjurés avaient leur signe de reconnoissance. Tous les moyens d'exécution concertés, le premier consul devait périr à la sortie d'un des spectacles où il se serait trouvé. Un tumulte aurait favorisé l'assassin. Chappelle eût donné le signal, et Humbert porté le coup de poignard. Ces deux hommes furent arrêtés et conduits au Temple : on y conduisit également leurs complices, Guibert, Dufour, Perrault et Sallabert.

Le 11 vendémiaire, on arrêta Metge et Delerue, imprimeur. Les ouvrages les plus atroces ont été trouvés

sur le premier. Tous semblent appeler la mort sur la
tête du premier magistrat de la république. Il suffit de
jeter un coup-d'œil sur le *Turc* et le *Militaire français*,
sur le *militaire* sur le *Démocrate*, sur le *Jugement rendu
par le tribunal de la raison*, pour connaître les intentions qui dirigeaient l'auteur de ces odieux libelles ;
peut-être même doit-on croire qu'il ne se bornait point
à écrire. Une note tracée de sa main contient les noms
de quelques individus arrêtés en fructidor.

Le 18 vendémiaire, de nouveaux projets furent
prêts d'éclater. Des sommes avaient été données, de
plus fortes promises. Bonaparte devait-être frappé dans
la salle de l'Opera.

Diana, Ceracchi, furent arrêtés au moment même
de l'exécution ; peu de tems après on s'assura de la
personne de Demerville, d'Aréna, de Lavigne, de
Dartey, et de la fille Fumen... ... vint enfin à découvrir la retraite de Topino-Lebrun.

Les différens individus qui avaient figuré dans ces
divers complots, furent tous traduits devant le tribunal ; ceux impliqués dans l'affaire du 18 vendémiaire,
ont seuls passé au jury d'accusation.

Metge, Humbert, Chappelle et les autres, sont encore au Temple, et aucune instruction judiciaire n'a été
comencée contre eux.

Quelques jours s'était à peine écoulés, que l'on re-
çut d'autres renseignemens. Des hommes qui ne sou-
pirent qu'après l'anarchie, furent encore signalés. L'un
d'eux s'occupait d'une machine inconnue ; il était difficile de le saisir. Eloigné de son domicile, il fallait connaître l'endroit qu'il avait choisi pour exécuter ses coupables desseins. Enfin, ont fut averti qu'il s'était retiré
dans la maison des Blancs-Manteaux.

Le 17 brumaire un commissaire de police, accom-
pagné de la force armée, s'y transporte, monte au
second étage, et frappe à la porte désignée. Personne
ne répond ; un serrurier est appelé ; la porte ne cède
qu'en partie. Elle reste embarrassée. Des précautions
avaient été prises par les nommés Veycer et Chevalier, qui se trouvoient dans la chambre. Ces deux hommes sont arrêtés, et reconnus pour avoir déjà été traduits devant le tribunal criminel, y avaient été déclarés

D

(38)

atteints et convaincus d'avoir participé à une conspiration dont le but était de rétablir le régime de 1793..
La question intentionne put seule les sauver.

Le premier, le deux nivôse, des rapports fesaient
connaître que les enragés étaient en mouvement ; mais
aucun fait positifs n'était encore connu, rien ne sem-
blait devoir donner d'inquiétudes fondées.

Le trois nivôse, deux tonneaux, l'un grand l'autre
petit, remplis de poudre, furent amenés rue St. Nicaise,
sur une charette attelée d'une jument. La voiture du
premier consul était à peine passée, qu'une explosion
terrible se fit entendre. Elle a jetté des familles dans
le deuil, plongés Paris dans la consternation et exposé
la France entière.

Le chef du gouvernement, échappé au danger, donna
l'ordre au préfet de police de se transporter sur les lieux.

Les blessés fu... ... aux hospices ou conduits
chez eux. Quatre ... ... ont été déposés à la basse
geole.

Je vous présente l'état des uns et des autres.

Morts.

1. Citoyenne Jean-Elisabeth Hugaut, marchande de
marée, âgée de 22 ans, native de Paris, demeurant
rue des Vieilles-Etuves.

2. Citoyen Cléreau, épicier rue Neuve-Egalité, (il
passait).

3. Citoyenne Adelaide Nouria, veuve Ister, division
Fontaine-de-Grenelle.

4. Citoyenne Marie-Anne Puesaot, âgée de 15 ans, qui
ayant été envoyée en commission du côté de la rue
Nicaise, n'a pas reparu chez sa mère.

5. Citoyen Boyelledieu, âgé de 28 ans, journalier, demeurant rue d'Ecosse n°. 2, division du Panthéon,
mort à l'hospice de l'Unnité, le 6 nivôse.

6. Citoyenne la femme du gantier, demeurant près le
marchand de vin au coin de la rue de Malthe, morte
le lendemain de l'explosion.

7. Citoyen Leclerc (Jean-Claude), mort dans la nuit du
6 au 7 à l'hospice de Santé, rue des Cordeliers. Il passait au moment de l'explosion.

8. Citoyen Platel, officier de gendarmerie, mort le 8,
— à l'hospice de l'Unité.

8.

Blessés.

1. Citoyenne femme Honoré, balayeuse.
2. Citoyen Warné, marchand de vin, rue de Malthe, au coin de celle Marceau.
3. Citoyenne femme Léger, limonadière, au coin des rues de Malte et Nicaise.
4. Citoyen Charel, son garçon.
5. Citoyen Poché, *idem.*
6. Citoyen Louis Duverne, ouvrier serrurier, travaillant ordinairement chez Erard, rue du Mail.
7. Citoyen Renault, rue de Grenelle-Honoré, hôtel d'Hambourg.
8. Citoyenne Saint-Gilles, demeurant rue Denis, vis-à-vis le roulage Saint-Magloire.
9. Citoyen Lemierre, principal locataire de l'hôtel de Nantes.
10. Citoyen François-Gilles Bataille, épicier, rue Nicaise, blessé au col.
11. Citoyen Simon, garçon de Girardin, traiteur, blessé légèrement.
12. Citoyen Vitri, perruquier, blessé de contusions, ayant été renversé.
13. Citoyen Chatelain, portier de la maison Longueville,
14. Citoyen son fils.
15. Citoyen Gilbert Chapuis, demeurant division Fontaine-de-Grenelle.
16. Citoyen Orillard.
17. Claude-Barthelemy Préville, marchand de meubles, rue des Saints-Pères.
18. Citoyen Trépsat, architecte.
19. Citoyenne femme Barbier, portée au grand Hospice d'Humanité.
20. Citoyenne femme Mathieu.
21. Citoyenne Colmet, âgée de 16 ans, marchande d'œufs.
22. Citoyenne Frédéric Banoye, domestique.
23. Citoyen Barbier, couvreur.
24. Citoyen Preverbie, homme de confiance du citoyen Catanier, général de division à l'armée d'Itelie.
25. Citoyen Henri Lepautre, horloger, rue Nicaise, n°. 12.

26. Citoyen Amiot, employé militaire.

27. Citoyen Mercier, demeurant rue Honoré, près
celle des Bons-Enfans, maison de la veuve Signé,
quincaillère.

28. Citoyen Hamont, marchand de tableaux au Palais-Egalité, n° 23. Il passoit au moment de l'explosion.

28.

Des procès-verbaux constatent les funestes effets de
cette infernale invention.

Quarante-six maisons son extrêmement endommagées.

Le dégat des immeubles est estimé à la somme de
40,845 fr.

Celui des meubles à celle de 123, 645 fr.

Les maisons nationales ne sont point comprises dans
cette estimation.

Une foule de citoyens gémissent sur la perte de leur
fortune.

Le cheval, les débris de la voiture, et quelques
parties des tonneaux ont été apportés à la préfecture.

Ces débris ont été scrupuleusement recueillis ; l'on a
pris avec le plus grand soin le signalement du cheval.

Dès les premiers momens de l'explosion, on a fait une
enquête sur les lieux mêmes. Des déclarations furent
reçues, et au milieu des cris que la douleur arrachait aux
malheureuses victimes du plus atroce des attentats, le
cœur put encore éprouver une sensation agréable ; ces
infortunés s'oubliaient pour ne penser qu'au premier
consul ; c'était pour lui qu'ils demandaient vengeance.

Depuis, les citoyens se sont empressés de communiquer les moindres indices qu'ils ont recueillis. Tous
paraissent animés du même esprit. Tous voudraient faire
connaitre les auteurs du plus horrible des crimes.

La police continue les plus actives recherches.

Salut et respect,

Le préfet de police, signé, **Dubois.**

Certifié conforme,

Le secrétaire-général, **H. B. Maret.**

De l'imprimerie de MARCHANT, rue du Pont-
de-Lody, Maison des Grands-Augustins.

9 782013 610865